Prélude à la Corée,
Kyoto, 1970

Il y a, sous les escaliers inégaux et fantomatiques de Yoshida-Shimoodji, juste sous notre ancien logis, entre une touffe d'épilobes et un sorbier, une rôtisserie coréenne de la taille d'un buffet normand. On n'y ferait pas entrer un poney. Elle est tenue par une veuve et sa fille. Quand je m'y installe, la mère vient s'asseoir en face de moi, pose sur la planche qui fait office de bar un brasero et me prépare mon repas en y faisant griller de menus morceaux de viande jaune ou rouge (chien ? rosse équarrie ?) marinés dans une sauce à l'ail, qui se couvrent de cendre fine et prennent la couleur de son visage. Elle tire sur sa clope plantée tout de travers dans son *kiseru* (fume-cigarette en bambou dont l'extrémité de laiton a la forme d'une petite pipe) et me regarde sans mot dire. Sur ce visage gris et lisse : patience, malice, une sagacité qui sait se terrer et attendre, et l'orgueil d'être, avec sa fille, les seules étrangères à tenir commerce dans ce quartier.

Il faut avoir vécu ici pour mesurer la victoire que cette reconnaissance représente. La plupart des Japonais font peu de cas de la Corée et des Coréens, en oubliant ce qu'ils doivent à une culture qui leur a transmis, entre autres choses, l'écriture chinoise, le bouddhisme, certains secrets des arts du feu, plusieurs sortes de divination et quelques animaux magiques. Cadeaux que les Japonais ont retourné sous forme d'incursions de pirates tatoués jusqu'aux yeux, d'expéditions militaires dévastatrices puis, de 1910 à 1945, de brimades colonialistes et de horions, alors que l'Occident qui avait privé le Japon de sa part du gâteau chinois et de sa victoire contre l'empire russe lui avait donné, comme os à ronger, la Corée. *«Je vous fouetterai avec des scorpions»* déclare le gouverneur militaire Terauchi à ses administrés coréens qui tentaient d'attirer, en 1916, l'attention des Alliés sur le sort de leur pays. Il fit de son mieux pour tenir parole : lors de démonstrations non violentes, il y eut, trois ans plus tard, huit mille morts, quinze mille blessés et cinquante-sept mille arrestations parmi les civils coréens. En 1969, l'historien japonais Kiaoki Murata pouvait écrire qu'en regard de l'occupation japonaise, celle de la Tchécoslovaquie par les Russes était «un simple pique-nique». Pendant ces trente-cinq ans de domination totale, beaucoup de paysans coréens dépossédés par des colons absentéistes sont venus chercher pitance au Japon, grossissant le prolétariat urbain, la petite et la grande truanderie, sans jamais s'intégrer. Ils vivent ici en marge, ce sont les *graeculi,* les affranchis des comédies de Térence ou de Plaute, souvent plus futés que leurs maîtres. Les Japonais leur envient leur débrouillardise insolente, leur génie de l'arnaque et disent lorsqu'ils se sont fait rouler, posant sur leur tempe un index dépité : «*Kankokujïn, atama ga ioï*» (les Coréens, ils en ont là). Il faut en «avoir là» pour survivre dans une société qui vous ignore ou vous refuse, et la troisième page des journaux s'étend sur les escroqueries et combines souvent hilarantes de ces «Pieds nickelés» asiatiques.

Pour toutes ces raisons c'est volontiers que la veuve s'installe en face de moi et me prépare cette viande plus dure que cuir. Moi aussi, je suis étranger. Avant, elle avait un époux, une pompe à essence et un petit atelier mécanique à la sortie sud de Kwang-ju qui est, depuis mille ans, la ville des fortes têtes, des poètes frondeurs, des étudiants rebelles, le cauchemar du pouvoir central qu'il ait été de Séoul ou de Tokyo. Tout s'est envolé dans le souffle des bombes et le feu du napalm. Maintenant, elle a ce minuscule troquet, cette fille, belle, dure comme fer, qui l'assiste et sans doute, couche un peu, et un petit-fils, râblé de cinq ou six ans, le crâne rasé couvert de poudre blanche contre la bourbouille, qui imite tous les héros de bande télévisée avec une voix d'outre-tombe, ne respecte rien (quel repos ici) et dont le père est lui aussi une ombre. De temps en temps, un «journaleux» harassé, un chirurgien venu de l'hôpital voisin ou un de ces poètes symbolistes

– ils sont nombreux ici entre pivoines et glycines – qui portent un béret basque en hommage à la France, viennent s'abattre au coin du bar comme moineaux tombés du nid, sont bientôt pompettes, – ici, un rien d'alcool suffit – drôles dans leurs jérémiades conjugales, touchants dans une fragilité fine, amicale puisqu'elle se montre, me laissant des adresses qu'ensuite j'égare. Trouvez-moi un lieu plus agréable ! C'est dans ce flottement un peu étourdi de saké (alcool de riz) que je me suis fait mes rares et fugaces amitiés japonaises...

J'étais le dernier client. Après que j'ai payé, la fille m'a adressé un sourire de deux ou trois centimètres, ciblé comme une flèche pour arriver jusqu'à moi et pas plus loin et, comme je franchissais le seuil, elle a tiré d'un petit coup sec sur un pan de ma chemise qui dépassait pour me faire savoir qu'elle était seule, tandis que la mère observait ce manège en bonne maquerelle sereine, faite à beaucoup, experte à vous tirer des sous. Dehors, la nuit était exquise, le chemin ameubli par ces légères pluies de mai qui passent et s'en vont. Elle m'a rejoint dans la rue pour me rendre le linge et la savonnette – je sortais du bain public – que j'avais oubliés sur le comptoir. Elle a fait quelques pas à mes côtés, en silence. Vingt-cinq, trente ans ? Vraiment belle et souple comme une tige d'acier. J'aime les femmes qui se déplacent sans faire aucun bruit et dont les yeux baignent dans l'eau de source la plus pure. Je n'aurais pas eu le cœur ailleurs, je l'aurais peut-être suivie.

Tout de même, cette viande rouge qu'elle découpe en lanières à longueur de journée et son couteau d'acier bleu m'auraient sans doute retenu. Et, pour être à ce point silencieuse, c'est peut-être une renarde. Les renards sont ici servants de la déesse Inari, patronne de la riziculture et des tractations fructueuses. Les renardes, en revanche, sont de redoutables magiciennes qui, sous la forme de séductrices d'une élégance vertigineuse, peuvent conduire un homme, un clan, un empire à leur perte avant qu'elles ne retrouvent leur fourrure rousse et le silence nocturne des bois. Venues très anciennement d'Inde, pays des réincarnations, ces drôlesses malfaisantes avaient traversé le Tibet, atteint la Chine où, transformées en favorites pernicieuses et de mauvais conseil, elles avaient poussé les derniers empereurs de la dynastie T'sin à commettre assez d'iniquités pour leur coûter leur trône. Au VIIIe siècle après Jésus-Christ, un lettré japonais du nom de Kibi Daïjin, de retour d'une mission culturelle dont l'essentiel était de dérober aux Chinois leur calendrier lunaire, quitta la côte Ouest de la Corée, embarquant à son insu sur sa jonque une de ces sorcières – en japonais *kitsuné* – dont l'arrivée sur l'archipel en 758 fut aussitôt suivie de troubles politiques, révolutions de palais et par la tentative d'usurpation du bonze Do-kyo. Jugeant qu'elle avait fait assez de grabuge, la renarde disparut pendant deux siècles qu'elle occupa à mettre au monde une nombreuse progéniture. Au Xe siècle, l'astronome

Yasounori, bouddhiste fervent, sauva lors d'une chasse à courre une renarde blessée qui se trouvait être une *kitsuné*. En gage de gratitude, celle-ci prit la forme d'une fiancée dont Yasounori attendait la venue, lui donna trois ans de bonheur, un fils et, sa dette une fois payée, disparut, laissant sur le carreau de papier d'une fenêtre ce poème :

Koïshikouba
tadzouné kite miyo
idzoumi naru
Shinoda no mori n
oura ni koudzou no ha

Si vous êtes encore épris
au fond des bois de Shinoda
là où naît une source
vous trouverez en souvenir de moi
une feuille de marante.

Comme on pouvait s'y attendre, Abé-no-Semei, fils de l'astronome et de la renarde, fut un redoutable magicien que l'estampe représente parfois fendant la nuit sur le dos d'une chauve-souris. Il était capable de découvrir les *kitsuné* et démasqua l'une d'elle qui, sous l'apparence d'une impératrice japonaise, plongeait, par ses extravagances, le pays dans la consternation. Aujourd'hui encore, dans la province de Fukui, face à la Corée, certaines familles de paysans fortunés passent pour

élever en secret des renardes, et sont plus craintes que la peste.

Il avait fallu la lecture de ce poème pour que je m'avise que plusieurs renardes avaient déjà traversé ma futile existence. A mon insu évidemment. Et pour que je me tienne à carreau.

The «old shittrack»
Kyoto, 1970

«Entre dans la forme, sors de ta forme, et trouve ta liberté», disait le bouddhisme *shan* de la Chine des T'ang et le bouddhisme zen japonais. Toute création, je dirais même, toute existence digne de ce nom doit passer par ces trois étapes obligées et, pour moi, la liberté intérieure est bien la seule conquête qui vaille qu'on risque sa peau dans ce «monde trompeur». Cette entreprise, toujours périlleuse, revêt des formes multiples, et des écrivains comme Kafka, Katherine Mansfield, Henry Miller (parmi tant d'autres) n'ont pas attendu le bouddhisme pour s'y lancer à corps perdu, ou ont fait du zen sans le savoir, comme Monsieur Jourdain, de la prose. L'ascèse sourcilleuse des monastères japonais comme la dure règle de la Chartreuse ou de la Trappe ne sont pas faites pour tout le monde. N'ayant pratiqué ni l'une ni l'autre, je me garderai d'en parler ici, mais je les ai côtoyées assez pour connaître des cas où le remède était pire que le mal, où j'ai vu des caractères, même de bonne trempe,

détruits par l'aridité ou les exigences de ces disciplines. Religieux amers et défroqués, apprentis bouddhistes coincés «dans la forme» comme dans le canon d'un fusil, ne voulant pas jeter l'éponge, n'osant plus faire un pas, ni se retourner sur eux. Même si le bouddhisme zen est, à en croire R.H. Blyth qui sait vraiment de quoi il parle *«le plus grand trésor de l'Asie»*, il y a d'autres accès à la connaissance et d'autres «moyens libératoires». L'érotisme pour la philosophie tantrique, l'opium pour Thomas de Quincey, l'absinthe de Verlaine, la marche pour Rimbaud, la mer pour Conrad. A chacun de trouver son Sésame. Et aucune loi céleste n'oblige à choisir le plus ingrat.

Pour notre ami Dick, c'est la Corée. Quand il n'en peut vraiment plus du formalisme du monastère où il s'échine à méditer depuis quatre ans, quand les *koans* (devinettes ou énigmes proposées aux novices) le laissent à quia, quand les brimades de son *Roshi* (maître) qui sont le quotidien de l'apprenti zenniste lui font enfler les oreilles et quand le ton de nez des érudits japonais qu'il fréquente lui porte au foie, il va faire en Corée provision d'insolence, de primesaut et de fraîcheur. Bonne thérapie à laquelle il a eu plusieurs fois recours. Il a replié une carte routière couverte d'annotations, de points d'exclamation, de cercles faits avec des encres de couleurs diverses, me l'a tendue et m'a dit en riant : «Garde l'œil sur ton sac, planque ton fric, et regarde où tu poses les pieds. Ce n'est plus le Japon, *it's the old shittrack again.*» (Retour à la vieille piste de merde.) On verra bien.

Cette année-là, la presse japonaise commençait à parler à mots couverts du «miracle coréen», mais le revenu par tête en Corée n'était encore que le sixième de celui du Japon.

L'immense cicatrice qui zèbre le crâne à demi-chauve de Dick qui est comme celle d'un trépané, c'est une autre Corée, vécue sous l'uniforme. Je le suppose, je n'en sais rien ; il n'en parle jamais. Et quelle que soit l'amitié qui commence à s'installer – prudemment – entre nous, il n'en sera jamais question. Il y a des choses sur lesquelles mieux vaut ne pas revenir. D'un ouvrage sur les combats de Séoul en septembre 1950, je tire au hasard ce témoignage de Rutherford Poat, alors correspondant de l'agence *United Press.* Une fillette brûlée par un obus au phosphore s'approche d'un barrage routier tenu par les marines. *Elle était aveugle et on se demandait comment elle vivait encore. Elle avait à peu près la taille de ma fille. Trois autres enfants coréens qui avaient eu plus de chance qu'elle la regardèrent approcher du trottoir contre lequel elle buta. Elle dut s'y reprendre à trois fois pour l'escalader. Les enfants riaient. (Decision in Korea,* 1954.) Une saynète parmi des milliers d'autres et qui, pour moi, révèle une sorte de mal absolu. Qui a vécu cela, en acteur ou témoin impuissant, ne peut plus se contenter de vivre sans comprendre. On va alors chercher des réponses dans la drogue, l'alcool ou – ce qui vaut beaucoup mieux même si l'on fait fausse route – dans l'ascèse mentale et la méditation.

Sur le bateau entre Kobe et Fukuoka, juin 1970

Les femmes qui ont «fait la vie» et conservé leur santé ont, comme ces toupies-sabots que les enfants fouettent, une vitesse acquise qu'elles doivent à tout prix employer. Devenues vieilles, elles se rendent utiles de cent façons. Celle-ci est menue, vive comme le mercure, chignon argenté tenu par deux peignes d'écaille en forme de colombes, pantalon noir à la chinoise et minuscules pantoufles de feutre sur des pieds de bébé. La société des commères qui l'accompagnent ne suffit ni à son énergie ni à son entregent. Elle s'embête et nous a à l'œil – nous sommes les seuls étrangers de cet entrepont – depuis un moment, à l'affût du plus mince prétexte pour nous entreprendre. Je l'ai photographiée pendant qu'elle massait quelques vieilles de son acabit qui ont des peines dans les reins, les troussant d'autorité comme volailles, fourrageant des deux mains sous leurs jupes dans les rires grivois. Nous l'avons retrouvée le lendemain à l'aube à la cantine, dans la file qui attendait la soupe aux fèves rouges matinale. Elle a souri en découvrant des dents parfaites et m'a ouvert sous le nez son porte-monnaie pour me montrer qu'il était presque vide. Excellente entrée en matière. Puis posé une main experte sur le ventre d'Eliane pour savoir si cela bougeait là-dedans. Pour éviter des exhortations superflues je lui ai déclaré que nous avions déjà *des* enfants. Tandis qu'elle nous demande nos âges, la voici déjà en train de pétrir avec des doigts durs comme l'ébène la nuque de ma femme, qu'elle juge un peu grippée. Le soleil se lève rouge comme une pomme sur un océan de visages camus et bons enfants, fendus par des bâillements déchirants. Elle a quatre-vingt-un ans (une confidence en vaut une autre) et me dit qu'elle était autrefois si jolie que les hommes étaient autour d'elle comme guêpes sur tartine. Elle n'a jamais été malade et a toujours soigné les autres. Une seule fois, elle s'est cassé la jambe en envoyant un coup de pied dans les parties d'un galant qui lui déplaisait. Elle ne compte évidemment pas les avortements ni les blennorragies qui relèvent pour elle de l'accident de travail.

– Vous êtes du Kyu-shu, Mère-grand ? (Souvent dans le Kyu-shu, je suis tombé sur de ces vieilles gourgandines enjouées.)

– *Daïtaï Tokyo des* (à peu près Tokyo).

Ce qui équivaut à «presque de Paris», comme le dirait un paysan des Yvelines pour éblouir un étranger, ou à «autour de Tokyo» au gré des bordels du Japon Mikadoïste où elle s'est si bien dégourdie et a pris ses grades. J'ai beaucoup de considération pour ces vieilles maquerelles mutines, soignées de leur personne, qui règlent le problème – tant évoqué ici – de la *communication,* en posant une main sur un ventre, une cuisse, en s'emparant au vol de bébés hurlants qui se calment aussitôt pour la confusion de mamans mystifiées, tout en chauffant dans sa main libre des œufs frais pour une collègue qui est borgne, alourdie de varices et qui les gobe à mesure, en les perçant de son épingle à chignon. Elle a dans son *obi* (ceinture du kimono) un autre porte-monnaie qui est, lui, plein à craquer. L'autre, le vide, qu'elle montre, c'est juste pour faire rire.

Les passagers des premières disposent d'un bain japonais et la Compagnie leur fournit un peignoir de coton à rayures bleues et blanches du meilleur effet. Mais c'est évidemment chez nous, dans cet entrepont d'ailleurs fort propre et bien aménagé que tout se passe, que les meilleures parties de go se jouent, que les meilleurs lazzis s'échangent, qu'on peut entendre les belles chansons de pêche de la côte Ouest, que la bonhomie rabelaisienne est à son mieux. Enhardis par quelques bières, les nantis du pont supérieur viennent se mêler à nos jeux avec l'air groggy et quémandeur de ceux qui ont payé le prix fort pour le mince privilège d'être seuls.

Fukuoka-Hakata, juin 1970

L'hôtel «New-City» entre Fukuoka et le port s'est construit si vite pour accueillir les retombées de l'Exposition mondiale d'Osaka ou les étrangers en transit vers la Corée qu'il en a oublié de faire sa publicité. Il ne figure dans aucun guide, aucun panneau ne le signale, et c'est par pur hasard que nous sommes tombés dessus, alors que le dernier peintre en bâtiment nettoyait son dernier pinceau. Le réceptionniste sait cinq cents mots d'anglais ; la caissière, cinquante ; le plus humble des marmitons, une bonne douzaine. Les fleurs dans la chambre sont du matin même mais l'hôtel, ouvert voici une semaine, est absolument vide et la moitié du personnel a déjà – très mauvais signe – les ongles rongés jusqu'au sang. Chaque fois que nous franchissons la porte, trois garçons en redingote à brandebourgs, d'une distinction ténébreuse, un rien pédérastique, se précipitent pour s'emparer du plus humble de nos paquets.

Les Occidentaux venus cette année-là au Japon n'allaient pas en Corée. S'ils connaissaient le nom de Séoul, c'était à cause d'une guerre chaude qui avait failli déclencher un troisième conflit mondial. S'ils se pâmaient – à juste titre – devant les civilisations chinoises ou nippones, ils ignoraient tout, ou presque, de la magnifique culture coréenne. Quant aux Japonais, un sondage que je venais de lire établissait que, de tous les pays du monde, c'était celui qui les attirait le moins : une colonie qu'ils avaient perdue, où ils seraient mal accueillis, où tous les repas sentaient l'ail... Ainsi l'hôtel est vide. Sur la table, un message signé par un certain Yuji Sonobe, Manager, nous engage à nous détendre au bar «Champignon» et à goûter aux spécialités du restaurant «Blue Grata» au premier étage. Le restaurant étant vide, le cuisinier a éteint ses fourneaux et si vous avez le cœur assez dur pour vouloir manger tout de même, il ira, toute honte bue, vous chercher votre repas au «Corona Hotel», le concurrent d'en face.

Passant d'une culture à l'autre, les mots subissent d'étranges dérives. Nous nous sommes demandés ce que recouvrait ce «Grata» qui ne peut être que d'origine occidentale. Une corruption du français «gratin» (le haut du panier) ? «Blue» amenant discrètement la notion de «sang bleu» ; ou alors dans un style plus pot-au-feu : «rata» – mangez comme à la maison – «blue» évoquant la nostalgie qu'on éprouve à voir disparaître cette cuisine tout au beurre au profit du *fast-food ?* En Occident, le vocabulaire oriental (Inde, Chine, Japon) prend aussitôt un fumet d'encens ou d'opium et se nimbe d'un halo d'ésotérisme. L'Orient sera initiatique ou ne sera pas et n'importe quel mot, même le plus concret, fera l'affaire. Inversement, les Japonais du début des années 70 prêtaient aux vocables étrangers un prestige accommodé à leur façon, une aura si diffractée par leur perception d'un monde qu'ils connaissaient surtout par les textes et commençaient à découvrir qu'on y perdait parfois son latin. Ainsi, les Français passant encore pour avoir inventé l'amour, tout ce qui était exprimé en français prenait dans leur esprit un parfum de fruit défendu. Je me souvenais d'un bar, à Kawaramachi (Kyoto), éroticosurréaliste, thèses sur Bataille ou Joyce Mansour, où les étudiantes croisaient très haut des cuisses gainées de bas résillés et ne vous regardaient pas sans passer lascivement sur leurs lèvres un petit bout de langue rose. Ce bar – j'espère qu'il n'a pas changé de nom et que vous le retrouverez – s'appelait «Ambiance famille»...

Cet hôtel vide ! Je me demande avec quelles lectures ou quels jeux ces employés chamarrés trompent leur attente. Si j'étais Phileas Fogg ou Barnabooth, je poserais sur le comptoir un sac de cuir rempli de bank-notes et les enverrais tous en vacances. Cet hôtel blanc et vide, comme une mariée dont le promis est foudroyé sur les marches de l'église. Ces projets et emprunts conclus par des banquets optimistes et chaloupants... à présent : cette attente. Au bord de l'émail flambant neuf du lavabo, un bébé blatte vient de se hisser avec peine. Il n'a rien à faire ici, mauvais messager remonté du fond des égouts. Il est rouge comme un violon fraîchement verni ; ses antennes tremblent et disent : «Monsieur Sonobe : la faillite.» Avant les huissiers, il est venu reprendre possession des lieux.

Pusan, juin 1970

En dehors de cinquante-six mille *GI*, parqués dans leurs villas ou baraquements, presque pas d'étrangers ici. Les Coréens viennent donc regarder le voyageur sous le nez, avec une sorte d'urgence. Le regarder d'aussi près qu'un dentiste puis, leur curiosité satisfaite, s'éloignent avec parfois un bref salut du menton, ou alors en pouffant. Il faut s'y faire. Il n'en a pas toujours été ainsi. Au début de ce siècle, la société coréenne étouffait sous un confucianisme sourcilleux, un formalisme empesé et «comme il faut», une misogynie bougonne et un chauvinisme xénophobe. Sclérosée et soustraite à l'histoire au point d'être devenue proie facile pour n'importe quel appétit. Dans cette chambre close, les patriotes réformistes sortis des universités du Japon «éclairé» de l'ère Meiji ont apporté de l'air. La mission chrétienne – catholique ou réformée souvent persécutée et jamais du côté du manche a donné des rudiments d'hygiène aux campagnes, de l'éducation aux filles et de l'espoir aux croquants, payant sans barguigner le prix fort en années de prisons, sur le billot ou sous le gibet du bourreau. Avec les «Réductions» des jésuites du Paraguay au XVIIIe, c'est un des exemples d'apostolat libérateur devant lequel même un incroyant se découvre. Liberté décente et morale à quoi il fallait ajouter l'insolence cynique et sauvage de qui est passé deux fois à travers un orage de fer et de feu, a tout perdu, a vu soixante-dix pour cent du pays réduit en cendres. Le miracle est que les rescapés de cette apocalypse se soient si bien affairés depuis dix-sept ans dans un océan de décombres, aient conservé un tel goût de vivre et d'en découdre, se soient remis à tout bricoler avec des moyens de fortune et au galop.

«The old shittrack» ? et comment ! A peine débarqué, il sautait aux yeux que tout était plus modique, recollé, rudimentaire qu'au Japon. Bâtiments neufs décrépis avant d'être achevés. Même *l'herbe* paraissait avoir été bâclée par un botaniste au chômage, hirsute et grise de poussière des cimenteries. Les mouches à merde volaient trop bas pour les hirondelles et se portaient bien, merci. Même si Pusan n'avait jamais reçu une bombe ou un obus communiste, l'anéantissement quasi total qui avait frappé le pays était encore présent partout. A la douane, un quidam en sandales de paille et bourgerons de forçat nous avait arrosés d'insecticide – fermez les yeux s'il vous plaît – comme des veaux, avec une lance et un vaporisateur à bretelles qui venait tout droit de la ferraille. Un autre avait passé nos sacs à dos au crible avec un détecteur de mine du temps de MacArthur, rouillé, et sur lequel on pouvait lire en clignant des yeux, comme dans un palimpseseste, le mot *fuck* écrit autrefois par un *GI* écœuré et lavé par dix-sept moussons.

L'emportement caractérise le Coréen. A moins d'être très sage ou très vieux, il met à tout une brusquerie superflue. A peine sortis de l'avion, galopade éperdue vers les bureaux de la douane et de l'immigration : ce sont des campagnards chargés de présents achetés au Japon. Eperdue et inutile : les fonctionnaires ne se presseront pas pour si peu. Plusieurs bonbonnes de saké se sont brisées dans la bousculade et nous avons piétiné une heure durant dans une puissante odeur d'alcool de riz sous un soleil de plomb.

– Changer ? changer dollars ?

Quelqu'un m'empoigne par le coude et m'entraîne au trot vers une guérite au crépi encore frais où une pancarte «Banque» se balance. Le béton a travaillé en séchant, la porte coince, nous passons à quatre pattes sous le comptoir pour rejoindre le «banquier» auquel j'ai dû indiquer le cours du yen. Il m'a heureusement cru sur parole. Juste en face, un autre guichet «*Tourist information*».

– Nous aimerions être ce soir au temple d'Hae-in, quand est le prochain train pour Taegu ?

– Il faudra vous enquérir à la gare, répondent deux jeunes filles qui portent la superbe robe blanche coréenne «à la Récamier» et s'éventent gracieusement.

– Et le bus express ?

– Nous ne savons rien de ces histoires d'horaires, juste quelques mots d'anglais, ajoutent-elles avec un rire très frais, plaçant la main devant leur bouche. Et bon voyage en Corée.

Deux ivrognes, intrigués par nos sacs à dos, sont venus, en faisant voler la poussière, nous assurer de leur sympathie. Ils tenaient une cuite terrible et sans le bandeau – façon coolie – qui leur ceint le front, leur tête aurait éclaté. Leur visage était rouge brique, leurs pommettes, presque lumineuses, signal devant lequel les Coréens infléchissaient prudemment leur trajectoire. Ils se sont éloignés en se querellant bruyamment.

Monté dans un compartiment de velours violet de l'express Pusan-Séoul qui vient d'être mis en service. Valses viennoises dans le haut-parleur. Wagon presque vide. Quelques officiers aux tuniques impeccablement repassées, casquette posée sur les genoux, dormaient, la bouche entrouverte, pendant que nous remontions la large et magnifique vallée de la Nak-tong.

Vers Taegu

La lumière baisse et nous retire une à une les couleurs. Gris sans ride du fleuve, vert déjà éteint des berges, mauve de montagnes – hanches, aines, épaules – à formes de femmes à demi enterrées. Sur l'eau, des jonques minuscules, hors d'échelle, avec leurs voiles soigneusement rapiécées et leurs filets à balancier. Sur la berge, des gamins noirs de soleil qui font des ricochets dans la nuit tombante. Au ciel : cercles d'éperviers à queue blanche. Cet express s'arrête – tant mieux – dans de toute petites gares.

Du wagon, cent détails suggèrent qu'on a retrouvé la terre ferme, que sans les contraintes et conneries de la politique, un homme en bonne santé et en «état de marche» pourrait en un peu plus de deux ans regagner Genève, la Loire ou la

Bretagne à pied, sans trop flâner en route, sans non plus se forcer. Ce qui évoque cette continuité continentale, dans un paysage aussi asiatique que ce que peut souhaiter un conférencier-missionnaire-à-épidiascope ce sont, par exemple, une touffe de dahlias sous un sorbier dans une petite cour en terre brune, une lessive suspendue au-dessus d'un fort matou qui dort tandis qu'une oie lui tourne autour dans l'idée de le pincer, une pie qui laisse tomber un os à moelle aussitôt investi par une infinité de fourmis, bref, de ces petites choses dont on peut se réjouir sans beaucoup s'éloigner de chez soi, des micro-espaces dont l'organisation ne fait plus penser à Hokusai, mais déjà à Benjamin Rabier. Il y a aussi – me direz-vous – des pies au Japon, mais ce sont des pies de *sumi-e* (encre et pinceau volant) soustraites à la réalité et à notre convoitise par l'admirable faculté d'abstraction japonaise. Plus question de les mettre au bouillon comme le ferait une honnête famille de vanniers savoyards. Ici, au bord de l'Eurasie, cette abstraction n'existe plus.

Alors que l'Eurasie existe. Hérodote, né près de Bodrum en Asie Mineure, avait bien raison de vouloir réconcilier dans ses *Enquêtes* les Perses et les Grecs. Alexandre le Grand voyait juste en brusquant un peu ses capitaines macédoniens pour les marier aux filles de l'aristocratie achéménide. Plus tard son successeur Ménandre (IIe siècle av. J.-C.) a pris plaisir à ergoter, au bord de la Yamuna, rivière tributaire de l'Indus, avec les bouddhistes de l'empire

d'Ashoka sur la nature du principe vital, le poids atomique de l'âme ou la notion de l'«Illusion». Peut-être fallait-il que les rhéteurs grecs aillent aussi loin pour trouver, en matière d'arguties, des adversaires à leur mesure. Bien plus tard, portés par leurs petits chevaux, les Mongols d'Ogodaï Khan ne sont nullement déconcertés de se trouver aux portes de Trieste, ils continuent simplement à profaner, détruire et brûler – quand ils le peuvent – les attributs de la vie sédentaire, arbres, livres, maisons, comme ils l'ont fait tout au long de leur immense voyage. Et rien ne permet d'affirmer que les émissaires du Pape et de saint Louis à la Cour des Khans mongols aient vu leurs yeux s'arrondir au spectacle de Karakorum, capitale immense et provisoire de tentes de feutres, où on leur réserve un accueil aimable, où on leur témoigne de la curiosité. Bien au contraire. Ils s'empressent de rattacher à la postérité d'une des douze tribus (celle de Cham) ces nomades que neuf siècles plus tôt l'historien romain Amien Marcellin voyait sortis tout droit des chaudrons du Diable, et ne tarissent pas d'éloges sur leur code moral, le *yassaq* qui punit sévèrement l'adultère, le vol, le manquement à la parole donnée. Leur compréhension est fille de la lenteur d'une route faite à dos de mules, de yaks ou de chameaux. Cette continuité s'exprime dans le *Devisement du monde* rédiger peu après par Marco Polo, où je ne sens aucune césure : l'admiration qu'il éprouve ne signifie pas qu'il ait perdu pied ou qu'il divague. Si, ici et là, les naseaux d'un dragon fument, si une licorne passe entre deux bosquets, c'est qu'ils étaient déjà et depuis longtemps dans l'imaginaire eurasien. Les lecteurs vénitiens n'attachent d'ailleurs aucune importance à ces fadaises allégoriques et lisent son livre en bons épiciers, comme on lirait aujourd'hui le *Wall Street Journal :* prix du lapis, jours de convoyage, mouillages bien abrités : du solide, la «mercadence et la traffique» comme écrira plus tard Montaigne des conquêtes du Nouveau Monde.

Le Bosphore se franchit aisément à la nage. Les cols du Khyber ou du Kunderab (qui donne accès au Turkestan chinois) se passent hiver comme été. Cette continuité existe. Je l'ai ressentie – furtif creuseur sur une fouille en Bactriane – en retournant avec une main terreuse des monnaies du Ier siècle av. J.-C. qui portaient des inscriptions – avers et revers – grecques, indiques et chinoises. Et retrouvée, quarante ans plus tard, à Tourfan (Sin-kiang) en écoutant l'admirable musique des Turcs oïgours, ses voix rêches, bourrées de sang, ses accents presque tziganes. Après des années de séjour japonais, je suis inexplicablement rassuré de la percevoir ici.

Taegu, le même soir

La gare, masse de béton inachevée, est très loin du centre. Un fort vent de nuit fait voler la poussière sur les silhouettes de voyageurs fléchis sur leurs valises. Interminable agglomération – je n'ose pas dire ville – blessée, noirâtre, excrémentielle, dont les nouvelles constructions ont déjà l'air de ruines. A mettre, avec Oshiamambe (Nord-Japon) et Radauci (dans la Moldavie de Ceausescu) au palmarès des lieux à quitter aussitôt sous peine de conséquences incalculables. Mais voilà, il n'y a plus rien qui aille vers le Sud-Ouest et il faudra bien y passer la nuit. Le bus qui nous amène vers le centre bondit dans les rues défoncées. Chaque fois que le chauffeur klaxonne, une mandarine en plastique suspendue au rétroviseur s'allume et scintille pathétiquement. Miracle économique !

Toutes les peines du monde à trouver un *yogwan* qui est une auberge traditionnelle à prix raisonnable. Celle-ci était à peine terminée : l'odeur de merde le disputait à celle du ciment fraîchement gâché. De l'autre côté de la rue boueuse, trouée de flaques qui drainaient la fin du jour, des flics, une ambulance, des civières devant une boulangerie (?) dont le rideau de fer était à demi fermé. La patronne qui parlait bien japonais nous a gracieusement accueillis. Sur la présence de la police elle nous a dit ceci : ce matin même un inspecteur en civil, qui avait mis le nez sur un trafic douteux, voulait utiliser le téléphone de la boutique. Comme il n'obtient pas la ligne, il brise le combiné contre le mur. Le boulanger et son frangin furieux lui brisent le crâne. L'appel ayant été repéré, d'autres flics surgissent et trouvant leur collègue si mal arrangé, matraquent à mort les meurtriers. On venait d'enlever les trois corps. Pas de temps perdu : justement cet emportement dont je parlais.

Chambre absolument nue. Deux minces paillasses posées côte à côte sur un linoléum chocolat, deux oreillers de noyaux de cerises. Auberge de petites putes : au chevet des paillasses, le mur est constellé de chewing-gums collés n'importe où par les filles, lorsqu'un client a eu besoin de leur bouche. Ne pas traîner ici plus qu'il n'est nécessaire.

Gare routière de Taegu

Un décollage économique sur fond de pénuries, tessons et gravats, passe forcément par un «mieux provisoire» qui, en milieu citadin, ne peut-être que consternant. Logis reconstruits à la diable avec l'hétéroclite qu'on a pu sauver des ruines, réemploi de bric et de broc et bricolages improvisés. Bâclé urbain qui disparaît dès qu'on atteint la campagne, encore pauvre, mais où la simplicité des matériaux traditionnels – tuiles, chaume, claies de jonc, pisé, brique crue – empêche ce sordide intermédiaire.

Voici quatre ans, le poète Lorenzo Pestelli avait forgé pour la Corée du Sud le mot «Armisère» (armée plus misère), jugeant que seule l'armée et la flicaille, garantes et prébendières d'un régime autoritaire et policier, mangeaient à leur faim.

La vie a changé depuis. Malgré la corruption officielle qui prélève son tribut ordinaire, les centaines de millions de dollars injectés par le Japon (réparations de guerre ou prêts à bas taux) dans l'économie coréenne finissent par toucher terre et garantir un mince viatique même aux plus pauvres. La brusquerie, la vivacité des gestes, l'impatience des regards, partout présentes, disent aussi «le pire est derrière nous, on remonte». D'autre part, les crimes et exactions des Nord-Coréens lorsqu'ils occupaient le pays jusqu'au périmètre de Pusan ont laissé une crainte, une haine si vivace, et le régime de Pyong-Yang est à ce point détesté par la gauche clandestine que même les étudiants opposés au pouvoir en place font leurs deux ans de service sans trop rechigner.

Bus de Taegu à Dokamri, le même jour

Ici, les receveuses de bus sont des gamines de quinze ou seize ans, costaudes, trapues, les cheveux partagés en deux fortes nattes collées par la poussière des chemins et qui n'ont l'air de craindre ni Dieu ni Diable. Avoir dû grandir dans un monde où tout manquait et apprendre à y survivre les ont rendues plus dures que briques. Elles tiennent leurs voyageurs à l'œil et sont promptes à en découdre avec les «mauvais éléments», pochards, arsouilles tatouées ou pickpockets. Personne ne se soucie de les aider dans leurs démêlés avec ces voyous auxquels elles passent des bordées suraiguës, qu'elles tapent et essaient d'expulser en les tirant par le col de leur veste. Quand ces manœuvres ne suffisent pas, elles viennent s'accroupir à côté du chauffeur et éclatent en sanglots hystériques. Le chauffeur, qui a déjà fort à faire avec les cassis de la route et le jeu dans le volant qui lui rompent les épaules, arrête alors son bus et vient donner un coup de main pour éjecter le fâcheux. Cette fois, ils ont dû, à deux, employer la manière forte avec un ivrogne vindicatif qui, de plus, n'avait pas payé. Le voilà au bord du chemin, tout étourdi par les baffes. La fille est encore descendue pour l'engueuler et lui botter les côtes. Quand je lui avais demandé de nous signaler l'arrêt de Dokamri, elle m'avait regardé avec l'œil fixe et rond de qui n'y entend goutte. A l'arrivée, elle nous a arrachés à nos sièges et jeté nos sacs à la volée sur une petite place où le vent faisait danser des trombes de poussière. A un bout, un flic dormait sur une chaise installée devant sa guérite ; à l'autre, une femme accroupie dans sa robe blanche immaculée lui tenait un discours courroucé et pelait des œufs durs en pleurant. Du haut d'un sorbier, un haut-parleur resté branché, le Diable sait pourquoi, diffusait sur ce bout du monde la musique de *Un homme et une femme*. Dans les rizières en contrebas de la place, des femmes en tablier de couleur avaient commencé le repiquage. Elles avançaient lentement sur une ligne, de l'eau jusqu'au genou, au son d'un petit tambour qu'un gamin assis au bord de la diguette frappait sur un rythme à trois temps. Nous avons pris à pied la route du temple. Chaleur humide, début d'après-midi. Nuées de faucons criards sous un ciel blanc.

Quand la «bonne loi» bouddhique atteignit la côte Ouest de la Corée à la fin du IVe siècle après Jésus-Christ, elle fut confrontée à une culture traditionnellement chamanique (et qui l'est encore aujourd'hui) où le taoïsme et le confucianisme l'avaient précédée. Le bouddhisme s'accommoda fort bien des pratiques taoïstes ou «magiques» comme il l'avait fait en Chine. Lorsque ça chauffait, bonzes et *Mu-dang* (chamanes) étaient priés par le pouvoir de monter ensemble aux barricades avec leurs incantations et leurs *mantra.* A l'égard du confucianisme, la relation fut, dès la dynastie Koryo (907-1390) et comme elle l'avait été en Chine, un bras de fer continuel. A l'époque – fin du VIIIe, début du IXe siècle – où le temple fut construit, la Corée, unifiée par la dynastie des Silla (52 av. J.-C. –907 ap. J.-C.) s'était libérée de la tutelle chinoise des T'ang auxquels elle payait un tribut symbolique d'or fin ciselé, de chevaux et de peaux de tigres et avec lesquels elle entretenait les meilleurs rapports. Les Coréens étaient alors des orfèvres incomparables et les meilleurs fondeurs de cloches de tout l'Extrême-Orient. Les grands monastères, édifiés dans les lieux soigneusement et admirablement choisis par la géomancie, administraient d'immenses domaines de rizières, de potagers, de mûriers à soie, de forêts et jouaient le rôle spirituel et culturel des abbayes de notre Haut Moyen Age. Quantité de bonzes ou d'érudits coréens allaient étudier en

Chine et certains firent même, sur les traces de Fahsien ou de Yuan-Tsan'g, le lointain voyage de l'Inde. Beaucoup de ces couvents, où voisinaient moines et nonnes, étaient construits sur ou à flanc de montagnes qui, dans la croyance taoïste, favorisent l'échange entre les énergies telluriques et célestes du Yin et du Yang. Après notre an mille, la puissance de ces bonzeries ne cessa de s'étendre parce qu'on attendait d'elles toutes sortes de prodiges lorsqu'une menace surgissait. Le plus souvent, il s'agissait de conjurer la sécheresse, de faire tomber la pluie avec l'aide des devins chamanistes, et ils semblent y être assez souvent parvenus pour se voir confirmés dans leurs immenses privilèges : donations foncières, exemptions de taxes ou de corvées. Prospérité et impunité qui vont conduire au déclin. D'une part, le clergé se spécialise en sortilèges et «abracadabras», de l'autre, il se sécularise et s'épaissit. Les bonzes s'engraissent ou se débauchent aux dépens de leurs serfs ; le splendide art sacré de l'époque Silla devient trivial, mastoc, gavé. Par un juste retour des choses, ce qui avait indûment fait le succès mondain du bouddhisme va causer sa perte. L'an 1231, les Mongols franchissent le fleuve Yalou et mettent le Nord du Royaume à sac. La Cour, réfugiée sur l'îlot fortifié de Kwang-Ha dans l'estuaire du fleuve Han, achète leur retrait par un lourd tribut d'or et surtout de ces pelleteries dont ces «barbares» sont toqués. (Avant d'unifier les clans rivaux et d'être nommé «Grand Khan», Gengis, mort trois ans plus tôt, chas-

sait à skis loutres et visons dans les forêts de l'Orkon pour nourrir sa famille qu'un complot y avait envoyée en exil.) Conscients d'être seuls face à la plus grande puissance militaire du temps, les Coréens mettent à profit ce bref répit pour graver sur des planches de bois dur la totalité du «Canon bouddhique» indien et s'attirer ainsi la protection du Ciel. Le syllabaire coréen ne sera inventé que deux siècles plus tard, la transcription est donc faite en caractères chinois. L'entreprise débute en 1236 et s'achève quinze ans plus tard. Plus de quatre-vingt-un mille planches ont été gravées et sont prêtes à l'impression. Cet acte de dévotion qui était aussi opération magique se révélera sans efficace. Deux ans après l'achèvement du «Grand Œuvre», Mongka Khan revient avec ses escadrons et s'empare de tout le royaume qui restera pendant plus d'un siècle sous la domination sinomongole de la dynastie Yuan.

Devant cet échec qui discrédite les vertus occultes du bouddhisme, les confucianistes jubilent et pavoisent. L'un d'eux, à la fin du XIVe siècle, écrit au roi : «... Un État qui est en voie de prospérer prête l'oreille au peuple ; ... un État qui va à la ruine, prête l'oreille aux divinités ; servir le Bouddha et les divinités ne procure aucun avantage.» Retour à l'index levé du moraliste et au pragmatisme pot-au-feu.

C'est un véritable miracle que ce gigantesque travail qui constitue ce que les bouddhologues appellent aujourd'hui le «Canon coréen» ait échappé aux vers, à l'incendie, aux Mongols, aux tentatives d'invasion du condottiere japonais Hideyoshi (en 1590 et 1598), et surtout à l'orage de fer et de feu, aux flux et reflux pitoyables et sanguinaires de la guerre de Corée. Ce colossal *Compendium* de blocs gravés fut mis à l'abri, probablement au XVe siècle, dans le monastère vers lequel nous montons, tandis que de larges gouttes de pluie chaude commencent à moucheter le chemin poussiéreux. Ces planches y sont toujours aujourd'hui et font du Hae-in-sa la plus grande «bibliothèque de bois» du monde.

Hae-in-sa II

Le lit du torrent qui descend des Monts Kaya et baigne les terrasses Ouest du monastère est un livre de pierre. Depuis onze siècles, les pèlerins ont gravé sur les rocs de la berge ou sur les dalles qui affleurent en saison sèche des milliers d'inscriptions votives en caractères chinois et, dès le XVe siècle, dans le superbe syllabaire coréen. Beaucoup sont si profondes et d'un tracé si maîtrisé qu'on imagine une semaine de travail au moins. Les pèlerins sont rarement pressés et sculpter sur un gros caillou est une affaire si distrayante qu'on se prend au jeu sans voir les jours passer. Des siècles de crues ou de moussons ont lavé et poli ces prières ou actions de grâce, leur donnant une patine et un velouté si «naturel» qu'ils font oublier la main de l'homme, comme si ces invocations étaient nées de la pierre elle-même qui aurait parlé en notre faveur.

Sur les quinze kilomètres où le sentier longe le torrent vous ne trouverez pas une surface de la largeur des deux paumes qui n'ait pas été utilisée. En remontant cet immense bréviaire de roc entre les buissons d'épines je maudissais mon ignorance : je ne sais lire ni les idéogrammes chinois ni l'alphabet coréen. Il faudrait plusieurs vies faustiennes et laborieuses pour le seul déchiffrement des écritures, et j'ai déjà passé la moitié de la mienne dans une sorte d'effarement distrait, le cœur à tout, la tête à rien. Je bénissais les fortes bottes lapones que – malgré les lazzis de mes amis zélateurs de l'espadrille et des orteils en éventail – je porte depuis trente ans sous n'importe quel climat. Parce que cette «voie sacrée», considérée aussi comme un des «paysages classiques» où l'on venait admirer la pleine lune lors de parties de campagne très arrosées, n'inspire plus le respect qu'elle mérite : le lit du torrent étincelait de bouteilles brisées ; le sentier était ponctué d'étrons secs au-dessus desquels de minces colonnes de mouches bleues bombinaient sans trop d'espoir. *The old shittrack again !*

Un peu plus tard
«Yang-ban»

Déjà en vue du monastère, nous avons rattrapé un vieillard qui montait d'un pas mal assuré, les pieds en canard, et frappait furieusement de son bâton les pierres du chemin comme s'il avait voulu les corriger. Pantoufles de cuir bouilli, pantalons blancs bouffants, tunique blanche serrée à la ceinture et ce comique chapeau de crin noir à bords plats (entre le gibus et le canotier) qui est, aux champs comme à la ville, le monopole et l'orgueil des petits hobereaux ou dignitaires de l'ancienne administration royale qu'on appelle *Yang-ban.*

Je serais *Yang-ban* dans la Corée d'aujourd'hui que je me garderais de m'en vanter, je me ferais plutôt passer pour quelqu'un d'autre. Au cours de l'histoire coréenne, cette classe de hauts fonctionnaires et propriétaires fonciers n'a brillé ni par la compétence ni par la vertu. Les bons dynastes ont souvent dû rabattre leur caquet et rogner leurs privilèges. Ils se souciaient énormément de paraître, et fort peu du bien-être des administrés qu'ils grugeaient. Une encyclopédie du XVe siècle les donne comme pourris par les pots-de-vin et oppresseurs des paysans... «*Pères et mères souffrent du froid et de la faim... les cris de rancune montent jusqu'au ciel.*» A la campagne, ces survivants d'un confucianisme scrongneugneu et d'un ordre révolu se distinguent encore par leur morgue et leur prétention. Les fermiers qui travaillent leurs terres les tiennent en secret pour des imbéciles mais filent encore doux. L'occupation japonaise leur a, pendant trente-cinq ans, fait la part belle pour opposer leur conservatisme et leur chauvinisme ultra à l'action libérale des chrétiens.

Les *Yang-ban* sont querelleurs comme des dindons, haussent le ton ou jouent de la canne pour s'assurer les meilleures places dans le bus ou au café, le plus souvent congestionnés d'arrogance et d'alcool. J'ai même dans l'idée que ce sont eux qui, après leurs libations, posent culotte n'importe où et souillent ce magnifique paysage. Vous ne pourriez peigner l'Asie sans rencontrer engeance plus insupportable.

Celui qui titubait devant nous, tache blanche sous le ciel blanc, était digne de ses congénères. Il puait le *choshu,* un alcool de patates qui vous cisaille le crâne. Il nous a salués en grommelant, s'est penché pour guigner dans la blouse d'Eliane, a dû se raccrocher à mon bras pour ne pas s'étaler. Quelques pas plus loin – il marchait à mon côté – il a enfoncé sans crier gare son index dans mon oreille gauche puis s'est arrêté pour en considérer l'extrémité d'un air perplexe. En Corée comme au Japon, la cire des oreilles n'est pas solide comme en Occident, c'est une fine poussière que l'on nettoie avec un minuscule plumeau. Sans être trop à cheval (en voyage il ne faut pas), et même si cette curiosité ethnologique était légitime, j'ai trouvé son geste un brin familier. Un vétérinaire y aurait mis plus de formes. Il semblait parti pour nous suivre jusqu'à l'auberge et y boire à nos dépens. Je me suis débarrassé de cet original en le photographiant sous le nez. Les Coréens, les vieux surtout, détestent qu'un étranger leur tire le portrait, craignant que leur image ne serve ensuite de support à des manigances occultes. Au troisième cliché, il a couvert à deux mains son visage et a décampé au trot vers la rivière, secoué par un petit rire et pétant comme un roussin.

Hae-in-sa III

Place de terre battue sous le portique du monastère. A l'épicerie, entre les jarres de saumure, les tresses d'ail ou de piments, les plantes médicinales en bottes, le patron écrase les mouches avec une tapette en attendant le client. Dans le troquet voisin, une demi-douzaine de *Kisaeng* (chanteuses et prostituées) attendent elles aussi. La route carrossable qui monte de la plaine vient d'être réouverte et l'on ne sait jamais quand un car de fêtards va débarquer. L'une d'elles danse toute seule, transistor à la main, mégot collé aux lèvres, des larmes plein les yeux. Les autres tuent le temps en parties de mah-jong et rauques agaceries. L'illusion avant l'éveil : dans l'Asie jaune, les bordels et les temples ont toujours fait bon ménage. Les vieilles sont coiffées en chignon et fardées à l'ancienne : fond de teint qui souligne les pommettes, sourcils épilés et refaits en demi-lune ; les jeunes, le visage dans le style du cinéma muet : bouches en cerise et sourcils recourbés au petit fer. Mais toutes, l'air plus dures que squaws, plus coriaces que corneilles.

Quand notre ami de la rivière arrivera chez elles, sa cuite cuvée, il ne leur faudra pas longtemps pour lui apprendre à vivre et le remettre au pas.

Hae-in-sa IV

Vivre sous un toit
de tuiles grand comme
une baleine.

(Définition coréenne de
l'aisance et du bonheur)

Sur les fûts de cryptomère qui soutiennent le premier portique du monastère, on voit des «gardiens de la direction Sud» cornus, cuirassés, armés de glaives ou de tridents et peints dans des tons très rasta.

Leur gesticulation immobile et leur allure effrayante font rire les enfants et tiennent efficacement en respect non seulement les djins et démons mais aussi la convoitise, la vulgarité, la violence et la précipitation.

La fatigue de la marche rend poreux, ouvert au langage d'un lieu : impossible de franchir ce parvis sans se sentir allégé, lavé de quelque chose. Droit au-dessus de nous, les cours en terrasses du monastère aux larges assises de pierre, les toits de tuiles grises des bâtiments qui les bordent escaladaient en silence les pentes des Monts Kaya. Immenses frondaisons. Pas un souffle. Personne.

Là où un bouddhisme de bon aloi a prévalu pendant assez longtemps, il installe une paix d'une qualité particulière : à la fois aérienne et presque pondérable. Ici, il prévaut encore et ses vertus curatives opèrent aussitôt sur l'esprit du voyageur. Quelques marches franchies, et tout était d'un seul coup devenu tranquille, auguste, auspicieux. L'impression aussi de nous être trompés de siècle, non pas à cause de ces mille ans d'histoire et de ces arbres séculaires mais parce que, à l'intérieur du parvis, tout le quotidien, tout l'aujourd'hui semblait, comme dans les contes, se réveiller en s'étirant d'un sommeil de cent ans.

Effectivement, sur le muret qui borde le premier palier, un vieillard dormait, bras croisés sur le ventre, un foulard écarlate tiré sur les yeux. Il y avait une hésitation de pluie, et les gouttes qui s'étoilaient sur ses mains tavelées ne lui faisaient pas même battre un cil. A côté de lui, une caméra à chambre de poirier astiquée comme un stradivarius et posée sur son trépied se reposait, elle aussi. Une merveille du siècle dernier, portant la marque d'un ébéniste du quai Malaquais (Paris) et un objectif 150 mm. Angénieux, tout laiton, digne du musée Niepce. Elle était couverte d'un plastique et placée dans l'axe Sud-Nord de façon à montrer tout le monastère et la crête des montagnes en toile de fond pour voyages de noces, courses d'écoles, banquets électoraux, ou ces familles de truands qui viennent ici faire célébrer des offices pour le repos des âmes d'un clan rival qu'ils viennent d'occire. Comme au Japon, les maffieux ont ici pour les bonzes beaucoup d'amitié et de respect. Ils leur envient leur sérénité, l'entrain qu'ils mettent à toutes ces tâches plaisantes – fendre du bois, faire reluire les chaudrons à riz, mettre légumes ou champignons en saumure, sarcler des pieds de rosiers (les moines coréens sont fous de rosiers) – dont ils s'acquittent sans hâte mais sans nonchalance dans le temps qui n'est pas dévolu à leur belle liturgie, à l'étude ou la méditation. Il arrive que ces caïds lèguent au clergé bouddhique des sommes considérables, dons souvent acceptés avec la même simplicité qu'ils sont faits. Le bouddhisme n'a jamais été impatient de partager nos torts ou nos mérites dans ce «monde trompeur» et considère que vivre dans la pègre, la violence ou la prostitution n'est finalement qu'une souffrance de plus. Ajoutons que la conversation de ces malfrats est souvent instructive, ils sont au fait de quantité de combines, et, si «éveillé» qu'il soit, un bon abbé n'en saura jamais trop. Enfin, comme l'écrivait un saint du Moyen Age japonais (Hônen ? Shinran ? je ne me souviens plus) : «*Si le bon doit parvenir à l'illumination, à plus forte raison, le méchant.*»

... Le vieillard s'était réveillé, assis, les poings sur les yeux. Nous avions un instant parlé diaphragmes et émulsions. De la journée, il n'avait vu passer personne. Sur la terrasse qui nous dominait, les moinillons en robes grises jouaient au football avec des bûcherons redescendus des Monts Kaya, qui avaient posé contre le mur leurs énormes charges de bois fixées sur des cacolets. Tous jouaient pieds nus. Leur ballon était une grosse boule de chiffons. Leur partie faisaient moins de bruit que des cigales.

Hae-in-sa V

Sous la dynastie des Yi (932-1910), cette auberge à l'Est du temple devait être un pavillon pour les visiteurs royaux. Toit cornu de tuiles vernissées et porte ovale du plus pur style Ming au-dessus de laquelle un miroir Second Empire (vestige d'un salon de coiffure à la française détruit par les bombes ?) avait été suspendu dans une inclinaison suffisante pour qu'en levant à peine la tête, le voyageur se voie entrer dans cette image de paravent, et s'en félicite. Cour intérieure pavée autour d'un puits où nous nous sommes débarbouillés à l'eau glacée, et d'une machine à coudre à pédale à motifs de pampres noir et or que les feux du couchant faisaient étinceler. Balcons de bois bleu tarabiscotés. La chambre, minuscule, donnait sur un étang : joncs, lotus, libellules rouges, et une escadre de canards dont le karma ne m'inspirait aucun souci. Agréablement recrus par la journée, nous les regardions remuer le derrière, pendant que les vibrations de gongs venus du monastère parvenaient, sans se presser, jusqu'à nous. Tout conspirait à cet instant, juste, exquis, accordé comme une cithare.

Hae-in-sa VI

A trois heures de marche au-dessus du monastère, au sommet d'un piton broussailleux, on a érigé au IXe siècle un Bouddha de pierre de sept mètres de haut. La futaie qui avait poussé depuis autour le dis-

simulait presque entièrement. Aucun itinéaire ne l'indiquait. Nous nous sommes énormément égarés dans des sous-bois pentus, traversant aussi des clairières où ces mêmes bûcherons de la veille dormaient en étoile autour de leurs gigantesques fagots. Deux nonnes du monastère qui cueillaient des agarics verts dans la forêt nous ont indiqué le chemin. Nous l'avons trouvé. Il est taillé dans une pierre rouge si dure que onze siècles d'intempéries et le vent continuel qui souffle ici ont à peine érodé ses traits. La sculpture bouddhique coréenne de cette époque est une des plus expressives d'Asie. Visage brillant d'espièglerie et rayonnant de compassion. L'air en tout cas d'avoir tout – et depuis toujours compris de nos affres et frustrations, et disposé à donner un coup de main. On percevait, dans ce silence végétal, une trace évidente de sainteté. Nous l'entendions presque dire : «Cessez de vous en faire.» Nous l'avons regardé longtemps. Redescendant, je me suis retourné plusieurs fois : il nous suivait des yeux comme je m'en étais douté. Il faut reconnaître qu'il n'avait pas beaucoup de visites «d'au-delà des mers».

Depuis deux mois j'avais cessé de m'en faire. Jamais, au Japon, je n'avais travaillé dans des compagnies si agréables ni si bien. La femme qui me plaît avait pu me rejoindre. Nous étions ici pour un bout de temps encore, au jour le jour, sans programme ni projets. Lorsqu'elle regagnerait l'Europe, j'aurais encore assez de loisirs et d'argent devant moi pour fureter en Asie et remplir quelques blancs de ma carte. C'est ce que je me disais, de retour à l'auberge, accoudé à la fenêtre, regardant l'étang obscur. Je me disais aussi qu'un poète coréen du style *Sijo* (brefs éloges de la nature en trois lignes un peu comme le *haïku* japonais) aurait sans doute ajouté à cette mare une grenouille, pour avoir vraiment tous les lecteurs de son côté. Et c'est alors justement qu'une grenouille s'est mise à coasser. C'était un monde complet.

Dans le bus entre Dokamri et Kwangju (9 h à 22 h)

Ciel bas, chaleur lourde, collines avec leur toison de taillis vert pâle. Entre elles, les rizières en eau où partout l'on repique : longues lignes de silhouettes courbées dans leurs jupes de couleur, épouvantails déjà plantés dans leur gesticulation navrée. C'est très beau et d'une indicible tristesse, ou est-ce la fatigue de la veille qui me joue un tour ? La route est abominable : à l'arrière du bus on est lancé et tassé dans tous les sens. Franchi trois cols, pas bien hauts, pas bien vertigineux, oh non ! pour qui connaît les Alpes, mais dangereux parce que la route est souvent en dévers, argileuse, glissante de pluie. Nous avons dépassé le bus de la veille, tombé dans la rizière, couché sur le côté, à moitié immergé, vide. Tombé de pas bien haut, un bon mètre cinquante, mais juste assez pour imaginer (bondé comme il devait être) quelques mâchoires luxées, épaules démises, les passagers sonnés, merdeux – on répand le contenu des cabinets dans les rizières – furibonds, et les paniers d'œufs cassés sur les robes blanches des paysannes, ces robes immaculées dont la blancheur – comment font-elles ? – est un si grand souci.

Kochang, vers midi

Tiré de ma torpeur par des criailleries. Un homme entouré d'une nuée de mouches est monté dans le bus malgré le chauffeur qui voulait l'en empêcher. Il portait sous le bras un paquet ficelé, entouré de journaux, d'une puanteur si épouvantable qu'un instant j'ai cru que, derrière sa fine couche de nuages, le soleil avait noirci. Sans cette pluie continuelle et si nous n'étions pas si loin de tout, nous serions descendus pour poursuivre la route à pied.

Au-dessus du conducteur, une aquarelle maladroite se balançait pour notre édification et montrait quel sort réserver aux espions nord-coréens démasqués : on voyait trois paysans hilares porter à bout de fourche un cadavre embroché et sanguinolent. L'inscription au bas de l'image, en *hang'ul* (syllabaire coréen) et du même rouge sang, indiquait probablement le montant de la récompense.

Ces infiltrations d'agents ou de saboteurs sont incessantes ; il n'est pas de jour où l'on n'en attrape et la haine et la peur sont si fortes qu'ils arrivent rarement vivants au poste de police. Ce qui vaut mieux pour eux.

Nam-won, fin d'après-midi

C'était une femme trapue, sans âge. Lorsque je l'ai vu arriver du bout de la place, je n'en ai pas cru mes yeux : elle portait sur le dos une machine à coudre à pédalier gigantesque, retenue par un bandeau frontal. La force physique des Coréens, comme celle des Turcs, est proverbiale : tout de même, avec le socle, au moins quatre-vingts kilos... et vouloir monter dans le bus avec un objet aussi volumineux ! C'était une de ces augustes mécaniques de style, disons, ptolémaïque, qui vous font vivre toute une famille et valent leur pesant d'or. Ce n'était pas demain la veille qu'on aurait pu séparer ces deux-là. Coudoyant, suppliant, menaçant, poussant de la tête et des hanches, sanglotant, elle a tout de même amené son colis jusqu'à la banquette du fond où nous nous sommes serrés pour lui faire place. Elle s'est assise en soupirant Aï ! *chuketta !* (Ouf ! je crève) puis, son coup réussi, s'est mise à sourire...

... Même sans être aussi chargés, les Coréens fondent en larmes à propos de bottes. L'instant d'après, ils ont tout oublié ; la terre a retrouvé son axe. Ils papotent alors avec les voisins, écrasent un pou trouvé dans une couture ou s'occupent à extraire un point noir de leur nez. Ils ont beau pouvoir vous annoncer en souriant la mort de leur père et être plus durs que silex, n'importe quelle bluette, évocation élégiaque d'amours contrariées ou de lune décroissante vous les met sur les genoux. Vingt siècles de confucianisme rigoureux les ont sans doute raidis et empesés mais sans rien changer à leur nature profonde. Peuple rapide, lyrique, jongleur, émotif et qu'un rien fait craquer. Puis qui se reprend tout de suite : les larmes sont à peine séchées qu'ils repartent à fond de train. Qui vient du Japon doit se faire à cette mobilité dont les Coréens n'ont d'ailleurs nulle vergogne. *Nun-mul de opnum saram* (un homme qui ne sait pas pleurer) est indigne de confiance, c'est juste un mauvais cœur, autant dire : un vaurien. Et ce n'est certes pas qu'ils manquent de nerf : aucun peuple d'Asie n'a traversé guerre aussi atroce en conservant autant de mordant et d'entrain. C'est que pleurer les décharge électriquement comme les poissons gymnotes ou certaines anguilles. Il faut voir l'air dispos et comblé qu'ils ont après.

Kwang-ju, 23 heures, gare routière

Eliane n'était pas plus tôt descendue du bus qu'elle était entourée d'une demi-douzaine de gamins de quinze ans qui la tiraient à hue et à dia (probablement vers «leur» auberge) tandis qu'un autre lascar essayait de déboucler son sac. Je les ai dispersés à coups de tête, de coudes, de genoux, avec le fatalisme d'un homme vraiment éreinté. Ils nous ont suivis en nous lançant force insultes et bouteilles jusqu'à l'hôtel. J'étais heureux d'en trouver un, à cette heure.

Ile de Chedju, juin 1970

Voici très longtemps, Chedju est sortie de la mer dans un nuage de vapeur, de soufre, de magma, bombardant le ciel de roches incandescentes avec un barrissement incongru.

L'éruption a été assez forte pour créer un cône volcanique de deux mille et quelques mètres d'altitude et mille deux cents kilomètres carrés de terre émergée.

Alizés, moussons, graines, pollen, abeilles, oiseaux : l'île s'est couverte de forêts, de pâtures, d'azalées, de fougères et l'Océan a fait très bon accueil à cette nouvelle venue de velours vert. Quelques siècles avant l'ère chrétienne, des hommes arrivés de la péninsule qui n'est qu'à deux ou trois jours de bon vent s'y sont établis pour y vivre d'une des mers les plus poissonneuses du monde.

Société matriarcale, chamanique, et petit royaume autarcique que les chroniques coréennes appellent *T'amna* et qui, en 477 ap. J.-C., entre dans l'histoire écrite en envoyant à la Cour de Paekche (côte Sud-Ouest) un présent de perles fines, d'amulettes, et de faisans.

L'an 1276, le Mongol Kubilaï Khan déboise à moitié l'île pour construire la flotte destinée à l'invasion du Japon et y introduit l'élevage des chevaux pour ses escadrons.

Trois siècles plus tard, le volcan s'endort ; le panache de fumée qui le sommait et permettait de le situer depuis la côte disparaît. Chedju, qu'on ne peut plus voir, se fait oublier.

Décembre 1948, l'île qui tout au long de son histoire avait revendiqué son autonomie se soulève contre le gouvernement détestable et détesté de Synghman Rhee. Séoul envoie la troupe. Les combats durent deux semaines et font douze mille morts chez les insurgés.

Dans ces affrontements, les îliens ont un avantage sur les continentaux : ils parlent le seul dialecte de toute la péninsule que les Coréens ne comprennent pas. Aujourd'hui, le calme est revenu. Le volcan s'appelle *Halla-san.*

Ile Quelpaert, 1628

Cette année-là, un vaisseau marchand hollandais fait naufrage sur la côte Sud de Chedju. Les huit rescapés sont recueillis et soignés par les habitants qui leur font fête. Les Coréens sont trop hospitaliers – et curieux – pour tuer ou brimer des hommes d'une race inconnue avec laquelle ils n'ont jamais eu maille à partir. Les naufragés voient que l'île est un volcan, qu'on y trouve des chevaux en liberté partout, qu'une société de femmes qui plongent pour

récolter par vingt mètres de fond huîtres perlières ou coquillages et qui s'adonnent à la magie détiennent une partie du pouvoir. Ce qu'ils ne voient pas, c'est leur position sur une carte marine que l'Occident n'a pas encore dressée. Ils savent qu'ils sont entre la Chine et la côte Sud du Japon où, deux ans plus tôt, une de leurs frégates a canonné la forteresse de Shimabara et aidé les Japonais à exterminer les dernières ouailles catholiques de saint François Xavier. Depuis les campagnes et massacres du duc d'Albe en Flandres, ils ont un compte tout frais à régler avec l'Espagne. Ils n'en savent pas plus et baptisent, sans trop s'avancer, cette île «Quelpaert» (Quelquepart). Lorsqu'ils sont rétablis, le gouverneur de Chedju les envoie à la Cour de Séoul où ils enseignent des rudiments d'art militaire, de balistique et surtout s'échinent à fabriquer des mousquets. Les Coréens ont conservé le nom d'un seul d'entre eux : Velterree.

Vingt-cinq ans plus tard, un autre vaisseau batave est drossé sur Chedju par un typhon. Tout l'équipage qui est sauf – une trentaine d'hommes et leur capitaine Hendrick Hammel – reçoivent le même accueil, sont restaurés, pansés, dirigés sur Séoul, où on les prie civilement et toutes affaires cessantes de... fabriquer des mousquets. Huit ans plus tard, Hammel et quelques-uns de ses compagnons embarquent clandestinement sur une jonque qui les dépose au comptoir hollandais de Deshima dans la baie de Nagasaki d'où ils regagnent l'Europe. De retour, Hammel écrit ses souvenirs : *Relation du naufrage d'un vaisseau hollandais sur la côte de l'Ile Quelpaert,* Paris, 1670. C'est lui qui place «Quelquepart» sur nos cartes et fournit la première description de ce brillant «royaume ermite» dont l'Occident ne connaît rien et auquel Marco Polo qui lui donnait le nom chinois de Kaoli (corruption de *Koryo,* notre Corée) n'avait consacré que quelques lignes.

L'intérêt de ces deux naufrages, c'est qu'on y retrouve les mousquets comme dans un refrain. A valeur égale, les Coréens avaient dû lâcher prise devant les arquebuses du Japonais Hideyoshi, ils voulaient s'équiper pour faire face à une nouvelle incursion et surtout pour reprendre aux Chinois les territoires qu'ils occupaient encore au Sud du fleuve Yalou.

Dans ce que l'Occident, du XVIe au XVIIIe siècle, pouvait proposer aux cultures raffinées de la Chine, de la Corée et du Japon, deux choses – et deux choses seulement – semblent avoir suscité leur convoitise : les armes à feu et instruments astronomiques, et la forme d'industrie, d'énergie et de curiosité dont la Compagnie de Jésus était alors si amplement dotée. Les jésuites de Pékin qui firent tant pour la connaissance de la Chine avaient vite compris que le succès de leur mission *devait* un jour passer par la production de pendules sophistiquées (de préférence musicales) et celle de bouches à feu. L'édit de tolérance de l'empereur K'ang-Hi qui, en

1692, les autorise à exercer librement leur ministère dans tout l'Empire, récompense, entre autres choses, leur habileté d'artificiers... « *Durant les guerres civiles, ils (les jésuites) m'ont rendu un service essentiel par le moyen du canon qu'ils ont fait fondre* » (cité par Étiemble, *Les Jésuites en Chine*).

Ko, Yang et Puh

Les trois divinités de l'île s'appellent Ko, Yang et Puh. Puh, comme on le devine à l'oreille, est le Dieu du Pet. On en taille dans la lave des effigies grossières – nez en goutte, jambes énormes, yeux globuleux – qui évoquent certaines idoles précolombiennes. L'île est la fille d'un pet marin : l'éruption originelle.

– Pouah !

– Comment ? Pouah ! Les Coréens ne verraient rien de scabreux dans cette analogie. Les traditions extrême-orientales n'ont jamais humilié le corps et ses fonctions, elles les ont plutôt considérés comme compagnons de travail ou de plaisir qu'il faut traiter avec égards, voire, comme dans l'Inde tantrique, comme instrument de connaissance spirituelle. Impossible de blasphémer ou d'insulter en utilisant, comme dans l'Occident judéo-chrétien ou islamique, le vocabulaire physiologique. Traitez un Japonais de «cul», vous verrez ses yeux s'arrondir : *O-shiri* (l'honorable séant) n'a pas à rougir devant le bras, le nez ou la jambe. Dans son «Encyclopédie» dessinée

(Mangwa), Hokusai représente non seulement d'hilarants concours de grimaces, mais aussi des concours de pets, et les candidats, fesses en l'air, concentrés, leur prestation fusant comme autant d'étoiles. Dans les contes populaires coréens, on se débonde librement ; Rabelais aurait pu en signer la moitié. Le corps n'est pas comme dans la pudibonderie victorienne ou une odieuse littérature de sacristains de la Contre-Réforme cloaque, poche à fiel, instrument de souffrance, chute et damnation avant cette Résurrection promise à quelques *happy fews*.

– Tout de même ! Cette scatologie... pour un mythe fondateur...

– Ne faites pas les délicats. Souvenez-vous avec quels matériaux Gargantua reconstruit les murs de Paris, et dites-vous bien que jusqu'au XIXe siècle, l'Europe pétait sans souci de Stockholm à Madrid, de la ferme à la Cour, de la cave au grenier. Relisez Saint-Simon, Restif de la Bretonne, Sade, Champfort, Rousseau : c'est à se demander comment, dans cette canonnade, Haydn et Mozart ont pu se faire entendre. C'est, je crois, la jeune reine Victoria qui a proscrit cette bruyante pratique de sa Cour. Puis d'Angleterre, ce silence a gagné l'Europe, ce dont je me félicite.

Quelquepart. Tombes

Les Hollandais avaient vraiment bien choisi leur nom : cent kilomètres au Sud de la côte et ce n'est déjà plus la Corée. Ce n'est pas non plus la Chine du Shantung qui est six fois plus éloignée. C'est à «Quelquepart». Mais trouvez-moi une autre île où le petit Fokker bimoteur secoué comme un taxi sur les cassis du ciel vous pose entre des chevaux qui piochent de la tête, des chaumières de basalte intimes et justes, à toits débordants, des tombes. Et quelles tombes ! ce sont des tumuli engazonnés du vert ras le plus tendre souvent entourés de murets de laves, qui font légèrement ventre, sont comme poumons légers, où rien ne suggère la dégradation, le châtiment, le *De profundis clamavi,* qui font plutôt penser à une interminable sieste, à une torpeur exquise, attendue, méritée. Tombes chamaniques où la tête du défunt était placée à l'Est, où, dans les plus anciennes, on disposait des deux côtés du corps les ailes de grands oiseaux voiliers – frégates, cormorans ou grues de Mandchourie – pour aider l'âme à prendre son envol. Partout, dans la campagne, ces sépultures sont là, dans leur imperceptible souffle, dans cette béatitude verte, dans cette légère convexité. «Bienvenue dans le repos.» Je reviendrai mourir ici.

Halla-san

Ce volcan qui *est* toute l'île a, lorsqu'on le voit de la côte Nord, l'allure d'un buffle couché. En s'élevant il change de nature et de couronnes : une première de plages jaunes ou d'éboulis de lave furieuse-

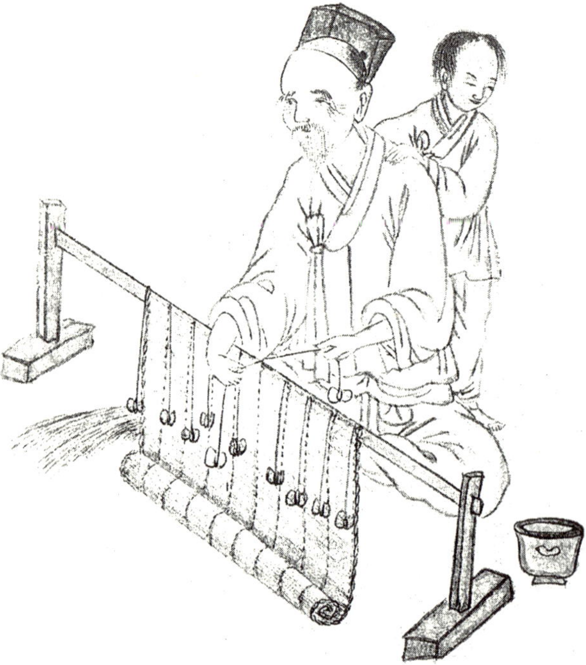

ment figés en formes de phénix et dragons, une autre de champs de seigle et du miroir des rizières éclaté par la pente, une encore de forêt subtropicale, puis de grandes pâtures, puis sur le flanc Est une sorte de bavette qui est une forêt de conifères alpins, enfin les bords dentelés du cratère où même en juin, un névé étincelant s'accroche qui vous tire tout ça vers le haut. Ce buffle est plus léger que pierre ponce ; l'île ovale flotte dans la lumière comme œuf battu en neige. Nous voulions monter sur cet animal.

Sur la carte, deux sentiers en pointillés noirs (donc mauvais) gagnent le sommet. L'un, venant des plages de l'Ouest ; l'autre, partant de la route qui relie le port de Chedju à celui de Sogwipo sur la côte Sud. Celui que nous avons pris, sans nous être enquis de rien.

Cinq heures du matin

L'aube n'était pas levée ; le sentier n'était pas un sentier mais une gigantesque coulée de lave tronçonnée par la pluie, le gel, le vent en centaines de blocs colossaux qu'il fallait contourner, escalader, descendre, sautant de l'un à l'autre lorsqu'on pouvait mesurer son élan. Des deux côtés de cette chaussée de géants, la forêt et son sous-bois d'épineux où les orchidées s'accrochaient comme des lampions étaient si denses qu'il aurait fallu une machette pour y faire un pas. Je n'avais pas même un couteau. On était bien forcé de suivre cette grande dictée de lave harassante et d'en passer par où le voulait la montagne. Chant assourdissant des rossignols. De temps en temps, un faisan argenté partait entre nos jambes avec un claquement de fusil et s'élevait d'un vol heurté vers la mince tranchée du ciel qui commençait à rosir.

Neuf heures du matin

Quatre heures d'escalade pour avoir parcouru à peine autant de kilomètres. Quand le sommet nous apparaissait dans une trouée de feuillage, il semblait s'être éloigné. A chaque bond nos lourds sacs à dos s'envolaient et nous retombaient sur les reins. Si la progression devait rester aussi difficile, nous n'irions pas bien loin avec ce fardeau. Dans une clairière ménagée par la lave, j'ai enfoui ces sacs sous des feuillages au pied d'un arbre puis suis monté jusqu'à la première fourche où j'ai fixé des banderoles de papier blanc qui descendaient jusqu'à terre. Pour les retrouver au retour. Ici, la nuit tombe comme une pierre.

Une heure de l'après-midi

Le fourré s'était éclairci. La lave avait fait place à d'immenses pâtures en pente douce semées de pivoines sauvages et de hauts bosquets d'azalées en fleur. Au-dessus de nous, un bois dont l'odeur résinée nous parvenait par bouffées. Empoisonné par un coquillage depuis la veille. Vomissements et soif d'autant plus intolérables qu'on entendait sous nos pieds un ruissellement continuel. Sur ce volcan vert émeraude vous ne trouveriez pas une tasse d'eau : les pluies sont absorbées par la lave poreuse ; toute l'orographie est souterraine et circule, presque à portée de main dans les canaux ménagés par les éruptions successives. Pour boire, il nous aurait fallu une pioche. Ce gazouillis liquide à une coudée sous nos semelles et la gorge sèche...

Trois heures de l'après-midi

Assis sur le tronc d'un pin foudroyé au-dessus de la dernière forêt et du dernier pierrier de lave, je sentais la maladie lâcher prise, exténuée juste avant le corps, n'en pouvant plus, déguerpissant, j'écoutais la journée dégringoler par pans entiers au fond de moi comme un glacier. Une caravane de géologues équipée de cordes et de crampons pour explorer les grottes qui truffent le cratère nous avaient donné à boire et jamais eau ne nous avait paru meilleure : ce jour-là, les mots «soif» et «eau» ont reçu leur habit du dimanche. La bordure du volcan n'était qu'à une petite heure, mais je savais que je n'y parviendrais plus. Il fallait garder la force de redescendre et j'avais, au Japon, vu assez de ces petits lacs volcaniques nichés dans un relief qui évoque un chapeau de feutre enfoncé d'un coup de poing. Tant pis.

De l'éperon où nous étions assis, on dominait tout

l'Est de l'île, les ports des côtes Nord et Sud, Chedju et Sogwipo. De ces deux points cardinaux et de toute la rotondité de la mer, on voyait les jonques aux voiles rapiécées comme des pantalons de tziganes converger vers les môles. Au large de Sogwipo, le jet double et gracieux d'une baleine franche. Sous nous, tout le chemin parcouru : des plages aux rizières, de la forêt aux prés avec ces chevaux posés partout comme dans un dessin d'enfant, ou plutôt comme dans ces vignettes missionnaires, façon «Pavillons noirs», qu'on nous vendait à l'école du dimanche pour nous piquer un peu de notre maigre argent de poche et qui ont tant fait pour me mettre sur les routes. Cartographie de moine halluciné avec Caravelles, Sirènes et Tritons. Il fallait vraiment monter jusqu'ici pour sentir la solitude, l'indicible splendeur, l'insularité de ce volcan posé dans la mer de Chine comme un caillou du Petit Poucet. Et peigner longtemps cette même mer bleue et bronze, avant d'y trouver deux mortels aussi heureux que nous. J'étais rendu, aux deux sens du terme : fourbu et arrivé là où je voulais être. Ma femme s'est mise à rire :

– Tu as l'air d'un sherpa agonisant.

Elle a pris une photo et j'ai l'air d'un sherpa à l'agonie.

Cinq heures du soir

En abordant, à la nuit tombante, le premier pierrier de la descente où il fallait assurer chaque pas, et à l'idée de faire tout ce chemin à rebours, Éliane s'est mise à pleurer. Elle était pourtant meilleure montagnarde que moi et avait fait, dans les Alpes, des arêtes où je ne m'étais pas risqué. Il y a des moments où pleurer (pas se plaindre ni ergoter, juste pleurer) est la meilleure réponse à la question qu'on vous pose. Épanchement intérieur qui réconcilie et régénère. J'étais devant et l'entendais sangloter derrière moi tout en sautant d'un bloc à l'autre, comme un chamois, avec une sûreté absolue. Lorsqu'elle était parvenue au bout de ses larmes, nous avions atteint le grand plateau aux azalées ; elle était pacifiée, d'attaque, récurée comme un chaudron. Les Coréens avaient raison de dire que «l'homme sans larmes est un vaurien». Des chevaux sortaient de toutes les directions de la nuit, d'un trot léger et musardeur, comme des écoliers en vacances, pour nous observer entre deux touffes de fleurs sombres, ou venir nous fourrer amicalement leur museau sous l'aisselle. Lorsque nous avons abordé la forêt du bas, la nuit était entièrement faite, le sentier doux aux pieds. Entre la cime des arbres palpitaient d'énormes étoiles.

Huit heures du soir, quinzième heure de marche

J'avais retrouvé les banderoles de papier et me relevais avec nos sacs lorsqu'une torche blanche m'aveugla. Nous n'avions pas entendu craquer une brindille, c'est mon odorat qui aurait dû m'alerter.

Le pinceau qui m'éblouissait descendit sur mes pieds, et nous vîmes un petit soldat trapu, couleur de terre, la casquette tirée bas sur les yeux, la mitraillette posée sur le coude droit, deux grenades offensives attachées à la ceinture. Il dégageait une forte odeur de bière et, sans cesser de nous tenir en respect, se mit à parler à toute allure dans un *talkie-walkie* d'une voix courroucée. Je me tenais à carreau : en Corée, les petits hommes courroucés et pompettes, armés ou non, peuvent être mortellement dangereux. Il nous interpella dans un coréen rugueux ; je répondis en japonais et vis son visage s'éclairer et se détendre. Il laissa pendre sa mitraillette à la bretelle, sortit un carnet de sa poche de chemise et je le vis faire une croix sur deux barres verticales. Ces deux barres, c'était nous...

... Vingt-deux ans plus tôt, après que la révolte de Chedju eut été durement mâtée, une centaine de maquisards avaient disparu dans le cratère avec armes, munitions, explosifs et malgré toutes les traques et recherches entreprises depuis, on ne les avait *jamais* retrouvés. Pas même une gamelle, un ceinturon, un crâne ou un tibia. Le labyrinthe de lave qui relie le cône d'éruption principal aux évents secondaires qui vérolent les flancs du volcan les avait escamotés. Ils avaient évidemment planqué leurs armes et s'étaient fait la paire : ceux qui connaissaient les entrailles de la montagne pouvaient se retrouver à l'air libre à peu près n'importe où. La disparition de ces rebelles avait si fort inquiété le gouvernement de Séoul que, depuis, les accès Est et Ouest du Hallasan étaient secrètement surveillés. Toute personne qu'on avait vu y monter devait en redescendre sous peine d'être soupçonnée d'être allé grossir cette armée d'ombres hostiles. D'ordinaire, ceux qui étaient montés d'un côté passaient la nuit dans le cratère et redescendaient de l'autre. On ne faisait jamais l'aller-retour dans la journée, trop fatigant. Notre imprudence avait troublé cette routine.

Le soldat nous raccompagnait jusqu'à la route, accroché à mon bras pour ne pas trop chalouper. Voilà dix ans qu'il était dans son taillis à observer les allées et venues, bien convaincu que le cratère avait été déserté longtemps avant son arrivée. Mais être portier d'un volcan éteint depuis mille ans et surveillant d'un bataillon de fantômes était finalement une bonne planque qui lui valait un bout de conversation avec les géologues, ornithologues ou excursionnistes qui faisaient l'ascension. Boulot peinard donc, et sans danger. Le souci qui, manifestement, taraudait ce nabot armé jusqu'aux dents et l'entourait comme une obscure mandorle était d'une tout autre nature : sa femme était presqu'à terme de leur premier enfant ; la grossesse s'était mal passée, il avait peur de perdre en couches cette bonne épouse et de se retrouver veuf. Ayant dit veuf – *Otoko Yamone* – il nous fixa en clignant de ses yeux injectés comme si nous étions maîtres de son avenir. On le rassura de notre mieux : les Coréennes sont costaudes, l'accouchement n'est pas une maladie, les petites maternités tenues un peu partout par les missionnaires sont d'excellente qualité...

Parvenu à la route, il paraissait avoir retrouvé ses esprits. Il faisait noir comme dans un four et nous dormions debout. Le soldat a attendu avec nous qu'une voiture passe en direction de Sogwipo qui était encore à plusieurs heures de marche. Il a arrêté à coups de sifflet la camionnette d'un poissonnier et lui a ordonné d'une voix menaçante de nous conduire jusqu'à l'auberge, de nous y trouver une chambre, puis nous a pompé cérémonieusement la main et est retourné en titubant dans ses fourrés pour écouter la nuit et surveiller ses ombres.

Sogwipo, cinq heures du matin

Hier soir, litres de thé pour achever de tuer l'infection, mâchonnant mon bonheur dans le noir, repassant derrière mes paupières le fabuleux spectacle de la journée. Nous étions trop épuisés pour trouver le sommeil. A l'aube nous sommes descendus au port qui est juste sous l'auberge. Les jonques de pêche quittaient leur mouillage en silence. Sur la jetée, croisé une grand-mère qui faisait sauter dans son dos un petit braillard et rencontré un étudiant blême qui parcourait la digue en pantoufles de feutre, à petits pas de vieux. Chemise au col douteux reprisée à la ficelle. Il nous a confié en jap-anglais qu'il était ici pour soigner ses poumons perdus puis, avec l'indiscrétion amusée propre aux Coréens, il a demandé son âge à Éliane.

– Trente-sept ans.

– *Hahh... I thought you were much older,* a-t-il répliqué d'un air incrédule et frustré.

Sa curiosité satisfaite, il nous a quittés en traînant les pieds. Il est vrai qu'après les quinze heures de marche de la veille et surtout avec nos visages d'Occidentaux tout en arêtes, saillies, coins et conflits, nous vieillissons plus vite qu'eux avec leur face de lune. J'étais heureux que cette équipée admirable nous ait marqués. C'était comme une encoche sur un couteau d'assassin. Si on ne laisse pas au voyage le droit de nous détruire un peu, autant rester chez soi.

Et, sans tarder – pour ainsi dire immédiatement – autre chose survient.

Florides helvètes, Ch.-A. Cingria

Sogwipo, juin 1970.
Los Angeles et Genève,
printemps 1990.

POSTFACE

Après des études de droit et de lettres à Genève, la ville où il est né en 1929 et où il exerce la profession d'iconographe, Nicolas Bouvier a commencé à voyager : depuis lors, l'«état de voyage» est le seul qui le comble. Ses traversées de l'Europe orientale, de l'Asie, du Japon, les périodes qu'il a vécues à Ceylan, à Tokyo, en Irlande lui ont inspiré des livres – *L'Usage du monde, Chronique japonaise, Le Poisson-scorpion...* – grâce auxquels il figure parmi les maîtres contemporains du récit de voyage.

Dans cette production, *Les Chemins du Halla San* apparaissent comme un texte exemplaire. Publié en 1990 dans le *Journal d'Aran et d'autres lieux*, pris entre les épisodes d'un séjour hivernal dans un archipel au large de l'Irlande, et les anecdotes d'une «excursion» dans la ville chinoise de Xian, il nous ramène en 1970. Bouvier y raconte l'ascension d'une montagne fort particulière, le volcan Halla San sur l'île coréenne de Chedju ; mais l'aventure de cette longue et pénible randonnée, que l'écrivain effectue en compagnie de sa femme, est aussi prétexte à des réflexions dont la portée dépasse largement l'expérience personnelle. La culture et les vicissitudes historiques coréennes nous sont restituées dans ce qu'elles ont de plus vivant, grâce au glissement fréquent du présent au passé, du prosaïque au magique, du quotidien du voyageur à l'atemporalité des mythes. L'histoire commence au Japon : ce préambule nous vaut les esquisses parallèles de deux civilisations en tout point antagonistes, intimement mêlées, inconciliables toutefois. Au-delà de la fidélité aux détails, la description des spectacles naturels, des gens de rencontre, des maisons et des temples sollicite constamment les références culturelles du lecteur occidental, qui sont convoquées, détournées, prolongées par des évocations où l'humour a la part belle. La marche sur les pentes du volcan peut également se lire en filigrane comme la métaphore du voyage – de tout voyage, y compris de celui de notre trajectoire existentielle.

Les Chemins du Halla San ? On y découvre à la fois un monde spécifique, on y réfléchit au sens de la rencontre, physique et psychique – mais c'est tout un – avec l'altérité ; on y prend aussi conscience de ses limites, de sa fragilité, partant de l'inanité de ses prétentions. En marge de son récit, Nicolas Bouvier nous livre, avec le sourire et cette élégance dont il a le secret, des miettes de sa philosophie de la route : «Si on ne laisse pas au voyage le droit de nous détruire un peu, autant rester chez soi.» Philosophie du dépouillement de soi, apprentissage du «moins» : eux seuls nous donnent quelque chance de vivre, le temps d'un éclair, une de ces illuminations subites qui absolvent l'existence.

Daniel Maggetti

Œuvres de Nicolas Bouvier

L'Usage du monde, La Découverte, Paris, 1985

Chronique japonaise, Payot, Paris, 1989

Le Poisson-scorpion, Payot, Paris, 1991

Le Dehors et le dedans, poèmes, Zoé, La Découverte, 1991

Les Boissonnas, une dynastie de photographes, Payot, Lausanne, 1983

Journal d'Aran et d'autres lieux, Payot, Paris, 1990

L'Art populaire en Suisse, Desertina, Disentis, 1991

Routes et déroutes : entretiens avec Irène Lichtenstein, Metropolis, Genève, 1992

Le Hibou et la baleine, Zoé, 1993

MINIZOÉ

(1) Nicolas Bouvier, Les Chemins du Halla San
(2) S. Corinna Bille, Emerentia
(3) Henry Dunant, L'Avenir sanglant
(4) Diderot, d'Alembert, Une Suisse heureuse

Achevé d'imprimer
en octobre mil neuf cent nonante-quatre
sur les Presses de l'imprimerie Milanostampa à Farigliano
pour le compte des Editions Zoé